394 1877 (23 - 24 mars)

394

23.24 Mars 1877

3221 - 50
4294 - 50
————
7516.

Estampes à décrire pour le compte
de Mr. le Vte de Janzé
Envoyées à Mr. Seguières le 17 Juillet 76.

= Turpe Senilis amor, Suzanne et les vieillards par F. Poni(?) d'après Rubens. magnifique épreuve

= Scènes de cabaret et de Bohémiens. 12 pièces à l'eau forte. par Van den Enden excud it. Signature illisible sur un des pla...

= Animalia ..... studio et arte Nicolas Berghem. ? pièces à l'eau fo...

= Apothéose de Regnier par N. Tardieu d'après Humblot

= Paysages par St Non, Burdallet, Dunouy et Gabriel Moreau. 4 pièces avant la lettre

= Bacchanales. 6 eaux fortes par L. Félix de la Rue — l'adoration des Bergers par Parizeau d'après de la Rue = 7 pièces

= Diane et Endymion par Sudart d'après Mantaigne

= Bartolozzi 3 pièces bistre, 1 en couleur = 4 pièces.

= Laduyskens. La St Barthélemy pièce très belle épreuve le ciel endommagé.

= J. Jordaens. l'Enfance de Jupiter ou la Chèvre Amalthée

= Jacques Callot : Le martyre de St Laurent

= ——— " ——— Le passage de la mer rouge; aquarelle encore visible

= ——— " ——— La petite passion. 12 pièces très épreuves avec les n.os

= ——— " ——— Titre finement gravé au burin

= Hogenberg (François). Scènes de l'histoire des troubles en France de 1559 à 1573 = 35 pièces — Les troubles des Pays Bas de 1567 à 1580 en 4 séries = 101 pièces. En tout 136 pièces. on a joint des explications en Fran... tirées d'une éd.on postérieure

= Histoire de la Révolution par Thiers Ed.on Furne. suite de 49 portraits et vignettes papier de chine lettre gris...

= La Fontaine : Suite des fables gravée par Simon et Coiny
d'après les dessins de Vivier. 277 pièces. Exemplaire de
souscription non rogné — ce qui a paru du texte gravé

= Engravings illustrative of Don Quixote, from pictures
of Robert Smirke Esq. 74 vignettes tirées in folio
papier de chine, ou en dbl. dem. rel. dos et coins c. d. R.

= Les Rois de France depuis l'origine jusqu'à Louis XIV.
113 pièces de la suite d'Odieuvre, et autres en double
dans un Album mar. r. doré.

15. = Divers Vignettes : 48 pièces dont beaucoup avant la lettre
33   à diviser s'il y a lieu.

Aldegrever   Jugement de Pâris
Classi (Cathaerd)   Baptême de Jésus
Beham.   Paysan — Paysanne
   —   Bouffon et baigneur
   —   alphabet romain

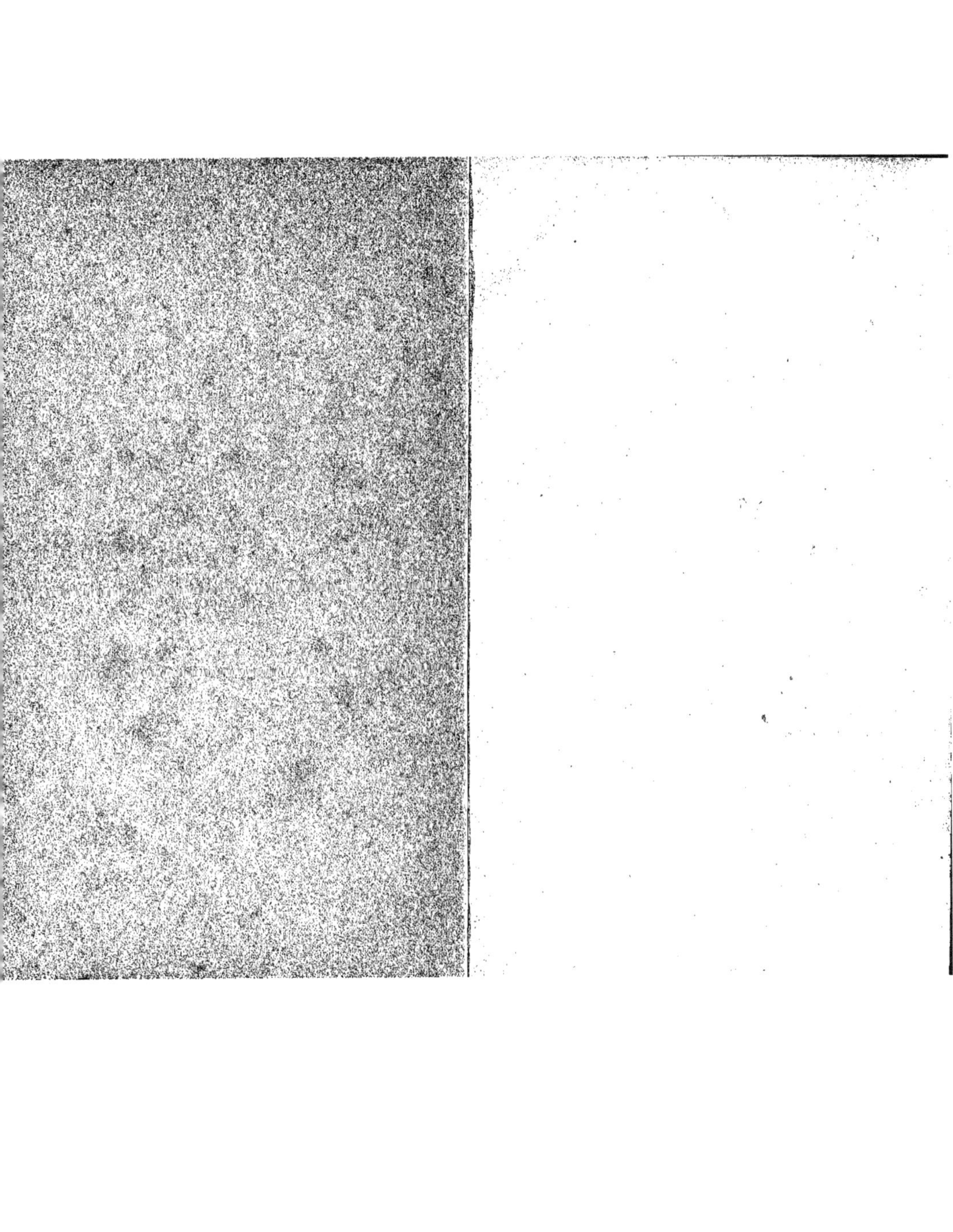

Payé le   22 %

28 avril 1877	Morgan Fatout	1,450	50	319	11	1,129	
13 avril 1877	de Pommereul	1,306		227	33	1,015	
28 juin 1877	de Janzé	1,196	50	263	23	933	6
12 août 1877	Hénaut	1,033		227	26	805	
6 avril 1877	Braquemond	863		189	86	666	
26 avril 77	Chiaramonte	795	50	175	01	620	
14 avril 1877	Mme Aubin	345	50	76	01	266	1
12 avril 1877	Gardien	263		57	86	200	
6 avril 1877	Schneider	126		27	72	98	
	HN x	68		14	96	53	0
11 mai 1877	Baroux	34		7	48	26	5
13 juin 1877	Dufat Cattier avec 397	32		7	04	24	9
à son compte	Lorriguet	3			66	2	3
		7,516		1653	40		

CATALOGUE

—

ESTAMPES

ANCIENNES ET MODERNES

Sebam, Callot, Durer, Flamen, Rembrandt
Israel-Silvestre

PORTRAITS

PAR LES MEILLEURS GRAVEURS

ÉCOLE DU XVIII° SIÈCLE

Baudouin, Boucher, Fragonard, Greuze, Lancret, Watteau

PIÈCES EN COULEUR

Mme de Pompadour, grandeur naturelle

DEMARTEAU, DESCOURTIS, ETC.

DESSINS DE GRANDVILLE, ETC.

DONT LA VENTE AURA LIEU

HOTEL DES COMMISSAIRES-PRISEURS

RUE DROUOT, 9, SALLE N° 4

Les Vendredi 23 et Samedi 24 Mars 1877

A UNE HEURE PRECISE

———

Me **MAURICE DELESTRE**, Commissaire-Priseur
Successeur de M. DELBERGUE-CORMONT,
rue Drouot, 27

Assisté de M. **VIGNERES**, Marchand d'Estampes,
rue de la Monnaie, 21, à l'entre-sol.

———

PARIS 1877

ORDRE DES VACATIONS

PREMIÈRE VACATION

DEUXIÈME VACATION

CONDITIONS DE LA VENTE

Les attributions de l'amateur ont été conservées pour les dessins.

Au comptant.

Cinq POUR CENT en plus des enchères, applicables aux frais.

M. VIGNÈRES, dirigeant la vente, se charge des Commissions.

NOTA. Toute commission sans prix fixé ou sans limite déterminée sera regardée comme nulle.

M. VIGNÈRES se charge de faire marquer les prix aux Catalogues des ventes qu'il a faites. Les personnes qui le désirent peuvent s'adresser à lui *franco*.

Plusieurs Amateurs éloignés en ont reconnu l'utilité pour les guider dans leurs Achats sur les valeurs des Estampes.

Les Catalogues des Ventes à faire seront envoyés aux personnes qui en feront la demande *affranchie*.

Avis. — Nous prions MM. les Amateurs éloignés de ne pas attendre au dernier jour, pour que les lettres arrivent le matin de la vente.

Choix de Catalogues avec prix marqués.

M. VIGNÈRES se charge des commissions dans les Ventes de Livres et Estampes autres que les siennes.

CATALOGUE

ESTAMPES ANCIENNES

1. **Albert** (Chérubin). Les Saisons, d'apr. *Polydore* (B. 101-104), angles de plafonds. 4 très-belles ép., avant *Nic van Aelst.*

2. **Aldegrever**, Jugement de Pâris (B. 98). Très-belle.

3. **Aveline**. Vues de Paris, Louvre, Tuileries, etc. 5 p. grandes marges.

4. — Versailles 16. — Trianon 3. — Marly 2. — Saint-Germain 2. — Saint-Cloud 3. En tout 26 p. grandes marges.

5. — Versailles 21. — Trianon 5. — Saint-Cloud 4. — Chantilly. — Conflans. — Liancourt 4. — Saint-Cyr 2. — Vincennes 2. — Auteuil, maison de M. Prevost. — Clagny. — Royaumont. — Villacerf. — Villers-Cotterets 7. En tout 47 p.

6. **Beham** (H. Sébald). Le Paysan du marché (B. 186). — La Paysanne au marché (187). 2 très petites pièces, magnifiques ép.

7. — Le Bouffon et les Baigneuses, 1541 (214). Très-belle ép. 1er état, avant la fleur de plus dans le bouquet.

1

É. ANCIENNES

8 **Beham**. L'Alphabet romain 1545 (229). 2 ép.,
dont une superbe.

9 **Berghem** (N). Animalia ad vivum delineata,
etc. Studio et Arte, 7 p. à l'eau-forte. Très-belles ép.

10 **Berrettin de Cortone** (d'ap.). Galerie du
palais Panfile. 14 p. in fol. par G. Audran.

11 — Heroicæ virtutis imagines, 14 p. par Bloemaert, Visscher et autres. Petit in-fol. superbe,
d'ap. les peintures à Florence.

12 **Bois**. Sainte-Catherine, Samson, de Dürer. —
Jésus conduit en prison, d'André Andreani
3 p.

13 **Both**. (7), Paysages en largeur (B. 5. 8. 9. 10).
4 p.

14 **Callot**. Passage de la mer Rouge, 2ᵉ des 5 états,
le haut du flot effacé (Meaume 1). Superbe ép.
marge.

15 — La petite Passion (19-30). Superbe suite de
12 p., 1ᵉʳ état, avant les noms et les numéros,
petite marge.

16 — Martyre de saint Laurent. Ovale (136); très-
belle ép.

17 — Frontispice : *Gloriosisimæ*, etc. (98). Superbe
ép., 1ᵉʳ état, belle marge.

18 — Fantaisies, les Vices, etc., etc., par et d'après
59 p.

19 **Castiglione** (B.). La Mélancolie (B. 22), Superbe ép.

20 — Têtes orientales. 6 eaux fortes.

21 **Claas** (Alaert) ? Monogramme n° 8. Baptême de   38
Jésus, adoré par quatre anges. Dieu le père au
bord en haut à droite, souffle le Saint-Esprit.
Magnifique ép. d'une pièce non décrite dans
Bartsch; le chiffre est très-petit, sur le bord du
terrain, entre les jambes de Saint Jean.

22 **Correge** (d'ap.). La Coupole de Parme, 12 p.   7 50
avec différence 8, et 5 plus petites par Sisto B.
25 p.

23 **Couvay**. Le Palais des facultés de l'âme, d'ap.   2
Huret.

24 **Dujardin** (Karel). Son œuvre en 52 p., tirage   9 50
plusieurs à la feuille, grande marge.

25 **Durer** (Albert). Saint Hubert (B. 57). Pièce ca-   70
pitale du maître, très-rare.

26 — Samson (2). — Massacre des Martyrs (117). —   5 50
La Porte d'or. 3 p. sur bois.

27 **Écoles anciennes**. L'Enfant prodigue, de   11
Bloemaert; les Noces de Cana et la Coupole de
Venise, d'ap. *P. Véronèse*; les Trois Croix, d'ap.
Tintoret; le Repas de Nabal, d'ap. *Tiepolo*; la
Confirmation et l'Extrême-Onction, d'après
Poussin, etc. 9 p. grand in-fol.

28 — Sujets et Paysages, 25 p.   3 50

29 **École italienne**. Fragments de Peintures à   8
fresque d'ap. les grands maîtres. 23 p. toute
marge.

30 — Apollon et Daphné par le Maître au *Dé* 4. —   6
Sujets d'Hercule d'après le *Guide*. En tout 8 p.

31 **Flamen**. Vue de l'abbaye de Longchamp à   3 50
Surêne. Très-belle, sans marge, rare.

32 — Vue du château de Senemon, dit Petit-Bourg, du côté de Soisy. Belle ép.

33 — Vue de Marcoussy, du côté de Montléry. Très-belle ép.

34 **Ghiberti** (d'ap. Laurent). Troisième et quatrième portes de bronze de l'Église Saint-Jean-Baptiste de Florence. 32 p. et texte, avec le portrait grand in-fol., toute marge.

35 **Hogemberg** (F.). Scènes de l'histoire des troubles en France, de 1559 à 1573. 35 pièces.— Troubles des Pays-Bas, de 1567 à 1580, en 4 séries 104 p. En tout 136 p. avec marges. On a joint des textes français tirés d'une édition postérieure. Très-bel ex.

36 **Israël** ex. Paysages et Marines, 14 p.

37 **Jordaens**. L'Enfance de Jupiter, eau-forte originale, belle ép.

38 **Lacollombe**. Arquebuserie, ornements de fusils, détails, etc. 12 p.

39 **Lebrun** (d'ap.). Batailles d'Alexandre, et de Constantin; son Triomphe, par *I. Audran*. 8 p. in-fol. jaunies.

40 **Le Clerc**. Entrée d'Alexandre dans Babylone. — Académie des sciences, avant et avec l'adresse. 3 p.

41 **Lefebre**. Compositions de plafonds, d'ap. *P. Veronèse*. 8 p.

42 **Lepautre**. Dressoirs, Fontaine, Frises, Portes, Alcôves, Cheminées, Autels, Tombeaux, Vase, etc. 35 p.

43. **Luyken** (J.). La Saint-Barthélemy, pièce rare et curieuse; le ciel manque en haut à droite. 4,50

44. **Masaccio** (d'ap.). Vocation de saint Pierre et saint Paul, leur Miracle; le Martyre de saint Pierre. 3 p. grand in-fol., par *Lasinio*, toute marge. 3

45. **Mosyn** (M.). Vénus couchée d'après *Backer*, in-fol. (Le Blanc 4). Belle ép.

46. **Nolin**. Renouvellement d'alliance avec les Suisses, in-fol. 1.50

47. **Ostade**. Le Marchand de lunettes et autres. 3 p. 2.50

48. **Perelle**. Versailles. 10. — Trianon, Marly, Clagny; en tout 13 p., grandes marges. 29

49. — Paris. Hôtel de Condé, Porte Saint-Denis, etc., et divers châteaux : Sceaux, Villers-Cotterets, Vincennes, etc. 30 p. grande marge. 29

50. — Versailles 33, la plupart avant la lettre. Trianon 3. — Saint Cloud 7. En tout 43 p. 31

51. — Châteaux de Berni, Choisi, Maison, Sceaux, Vincennes, etc. 20 p. 18

52. — Paysages ronds et carrés, du petit format à l'in-fol. Plus de 300 p. Sera divisé.

53. **Pontius**. Suzanne et les vieillards, d'après *Rubens*, in-fol. TVRPE SENILIS AMOR. Superbe ép. signée *Mariette* 1670. 20

54. **Poussin** (d'ap.). Paysages, les Saisons. 4 p. grand in-fol., anciennes ép. 15

55. **Procaccino**. (Camille). Repos en Égypte (B. 2). Très-belle. 3,50

56. **Rembrandt**. Son Portrait faisant la moue (B. 10). 3

57. — Abraham caressant Isaac (33).

58. — Jésus disputant avec les docteurs de la loi (65). Très-belle.

59. — Jésus-Christ en croix (80). Belle ép.

60. — Saint Jérôme à genoux (102).

61. — Saint Jérôme dans une chambre (105). On ne voit pas le lion.

62. — Le Petit Orfèvre (123). Superbe.

63. — Le Jeu du Kolf (125). Belle ép.

64. — Le Paysan avec femme et enfant (131).

65. — Vieillard à mi-corps vu de dos (143).

66. — Deux Figures académiques d'hommes (194). — Homme assis par terre (196). 2 p.

67. — Mauresse blanche (357). Très-belle.

68. — Fuite en Égypte (B. 52). Petite p. Très-belle épreuve.

69. **Saenredam.** Culte rendu à Bacchus, grand in-fol. (B. 72).

70. **Silvestre** (Israël). Église de Saint-Germain-l'Auxerrois, superbe ép., petite marge.

71. — Les Feuillants, les Jésuites, Faubourg Saint-Germain, la Mercy, le Temple, les Filles du Mont-Calvaire, les Quinze-Vingts, Saint-Sulpice, 7 petites pièces rares.

72. — Église Saint-Laurent. Superbe ép., grande marge.

73. — Perspective du Pont-Neuf et Pont au Change. Pont-Neuf et galerie du Louvre. 2 p.

74. — Tour de Nelle et galerie du Louvre. — Pont-Neuf et l'île du Palais, 2 p.

75 — Tour neuve de l'Hôtel du grand prévost et galerie du Louvre.—Porte de la Conférence. 2 p. — 11

76 — Maison abbatiale et Abbaye de Saint-Germain-des-Prez. 2 p. très-belles. — 15

77 — Hôtel d'Angoulème. — Maison de M. Le Coigneux. 2 p. — 7

78 — Pont Saint-Michel et rue Neuve-Saint-Louis. — Archevêché et Pont de la Tournel. 2 p. très-belles. — 25

79 — Église des Bernardins, marge. — La Savonnerie. 2 p. très-belles. — 5.50

80 — Église de Poissy. — Village de Poissy. 2 p. rares. — 18

81 — Les Bons-Hommes. — Clichy-la-Garenne. 2 p. très-belles. — 6.50

82 — Abbaye de Lonchamps. — Sépulture des Valois à Saint Donio. — Vincennes. — Moret, près Fontainebleau. 4 p. — 10

83 — Château royal de Versailles. — Chaillot. — Madrid. 3 p. Belles ép. — 15

84 — Château de Gaillon en Normandie. Très-belle ép. — Le Pont de pierre de Rouen raccommodé. 2 p. — 10

85 — Ancy-le-Franc, 3 vues différentes. Très-belles. — 2.50

86 — Avignon, château et ville. 2 p. très-belles. — 4

87 — Berny. — Château de Meudon. 2 p. très-belles. — 4.50

88 — Grenoble (Porte). — Palais de la Connétable de Lesdiguières. — La Tour de Clermont. 3 p. — 5

89 — Nancy (Portes Notre-Dame). — Saint-Louis. — Saint-Nicolas. — Église des Capucins. — Saint-Nicolas. — Village du Montayt. 6 p. très-belles. — 12

90 — Tanlay, Château, Portail, Parc, Moulin. 5 p. très-belles.

91 — Tonnerre. Église Notre-Dame. — Saint-Pierre. — Château de Lesigné. 3 p.

92 — Château de Nuict en Bourgogne. — Ville de Joigny. — Pierre en Sixe, à Lion. — Saint-Martin de Langres. — Saint-Pierre de Montpellier. 5 p. très-belles.

93 — Citadelle de Montmelian. — Duché de Bourgogne. — Petites Cascades de Vaux. — Arc d'Orange. 4 p.

94 **Sujets religieux.** Vierge à la longue cuisse. — La Transfiguration de *Bruyn*. — Descente de croix. 3 p.

95 — La Cène, avant la lettre. Suzanne au bain, par *Avril*. Saintes Familles, etc. 7 p. in-fol. et grand in-fol.

96 — Adoration des bergers, Sainte Famille de *Poilly*, le Christ au tombeau de *Pitau*, autre de *Rosaspina*, ancienne ép. 5 p. in-fol.

97 — Sainte Cécile, d'ap. *Mignard*; saint Sébastien, sainte Ursule. 3 p. in-fol.

98 **Thulden.** (Th. V.). Compositions peintes à Fontainebleau. 58 p. de l'histoire d'Ulysse.

99 **Van den Enden**, *excud.* (Martin). Scènes de cabaret, de bohémiens, mendiants, etc. 12 p. à l'eau-forte. Très-belles ép.

100 **Vasi.** Vue de Rome, en 12 feuilles non jointes.

101 Vues des Palais d'Italie au bord de la mer. 14 p.

102 **Wouvermans** (D'ap.). Titre de l'œuvre et compositions d'ap. ses tableaux. 14 p. anciennes et très-belles.

PORTRAITS

103 **Anonyme.** Le prince de Conti. Grand in-fol. avant toute lettre.

104 **Baudet.** Charles Perrault, contrôleur des bâtiments. Petit in-fol. d'après *Lebrun.* Toute marge.

105 **Rause,** 1786. Petrvs I, d'ap. *Le Roy.* In-fol. superbe.

106 **Beauvarlet.** Le petit duc de Bourgogne. In-8 d'ap. *Fredou.* Belle ép.

107 — Molière. Grand in-fol. d'après *S. Bourdon.* Très-belle ép. avec la dédicace à MM. les ducs Daumont, marge, collé.

108 **Beisson.** Paisiello, célèbre musicien. In-fol. d'ap. *Mme Le Brun.* Superbe ép. toute marge.

109 **Blooteling** 1679. Hieronymus van Beverningk. In-fol. d'ap. *Vaillant.* Superbe ép.

110 — 1676. Amiral Tromp. In-fol. d'ap. *Lely;* les armes du bas coupées, sans marges. Très-belle épreuve.

111 **Boucher.** Portrait de Watteau d'ap. lui-même, à mi-corps, tenant un porte-crayon. Eau-forte. Petit in-fol.

112 **Cathelin.** Mme la marquise de Pompadour en nymphe. In-4 d'ap. *Nattier.* Médaillon entouré de fleurs.

113 **Chenu.** Mme Favart. Joli portrait in-8, entouré de roses. Très-belle ép., marge.

114 **Chereau** (Fr.). Cardinal de Fleury. Grand in-fol. d'ap. *Rigaud*. Superbe ép.

115 — Cardinal Fleury d'ap. Rigaud. Très-belle ép. in-fol.

116 **Clément**, d'ap. Boilly. 1800. Réunion d'artistes, acteurs, architectes, littérateur, musicien, peintres et sculpteurs, 29 têtes réunies, avec la pl. explicative. 2 p. in-fol.

117 **Cochin** (D'ap.). D'Alembert, Diderot. 2 ép. in-4.

118 — Artistes et autres célébrités. 13 p. in-4. Très-belles ép. marge.

119 **Dandeleau**. Nicolas Copernic. In-4. Superbe ép. marge.

120 **Daullé**. Le Dauphin enfant, né le 4 septembre 1729. In-fol. d'ap. *Sim. Belle*. Superbe ép.

121 — Cl. de Saint Simon, évêque de Metz. Grand in-fol. d'ap. *Rigaud*. Superbe.

122 **Debucourt** *del. et sculp.* Napoléon 1ᵉʳ à cheval. Manière noire. Grand in-fol. dédié à la Légion d'honneur. Superbe ép. toute marge, rare.

123 **Delff**. Christian de Brunswick. In-fol. d'après *Mireveld*. Très-belle ép.

124 — Jacob Cats. In-4 d'ap. *Mireveld*. Magnifique épreuve.

125 **De Marcenay**. Charles V dit le Sage. In-8. Superbe ép. marge.

126 — Charles VII dit le Victorieux. In-8. Superbe ép. marge.

127 — Victor de Riquetty, marquis de Mirabeau, dit l'Ami des hommes. Petit in-fol. d'ap. *Aved*. Belle ép.

128 — Charles V. 2 ép. — de Thou. — Rembrandt, — Tintoret. 5 p. in-8.

129 **Dickinson**, 1811. Fréd.-Auguste de Saxe d'ap. *Gérard*. Très-grand in-fol. en pied. Belle épreuve marge.

130 **Drevet**. Duc de Bourgogne. Grand in-fol. d'ap. *Rigaud*. Belle ép. avant la lettre.

131 — Cardinal de Fleury. In-fol. d'ap. *Rigaud*. Belle ép.

132 **Dupont** (Henriquel). Carle Vernet. Ép. avec ton. Superbe ép., toute marge.

133 **Edelinck**. Fléchier. In-4 d'ap. *Rigaud*. Superbe, marge.

134 — Ch. Mouton, musicien du roi (R. D. 281). État non décrit, à gauche dans la bordure, *de Troy pinxit Edelinck sculp. A Paris, chez Buldet, rue de Gesvres*. Grand in-fol.

135 — J.-Ch. Parent, chevalier romain (287). In-fol. Superbe ép. 2ᵉ des 4 états. Signé *P. Mariette 1675*.

136 — Pierre second, roi de Portugal. In-4. Très-belle ép.

137 — Philippe, duc d'Anjou (R. D. 294). In-fol. d'ap. *de Troy*. Très-belle ép. Le tracé pour le titre très-apparent.

138 — Paul Tallemant, académicien (324). Belle ép. 1ᵉʳ état.

139 — Portraits tirés des Grands hommes de Perrault. 6 p.

140 **Ficquet**. Jean Balue, cardinal. In-8. Superbe ép. marge, avec l'adresse.

141 — Descartes. In-8 d'ap. *Hals*.

142 — **La Mothe Le Vayer**. In-8 d'ap. *Nanteuil*. Très-belle ép.

143 **Gantrel** *ad uiuum sculp.*, 1669. Commandant coiffé d'une grande perruque, armes au bas soutenues par deux lions. Grand in-8. Superbe épreuve.

144 **Georget**. Godefroy-Maurice de La Tour d'Auvergne, duc de Bouillon. In-fol. d'ap. *Nanteuil*. Superbe ép. toute marge.

145 **Godefroy**. Jean-Sifrein Maury, à mi-corps. In-fol. sans marge.

146 **Goulu**. Henri IV en pied, d'ap. *Pourbus*. In-fol.

147 **Guntz**. Saint-Évremont. In-4. Très-belle ép. d'après *Parmentier*.

148 **Hollar** (W.). Bonaventure Peeters. Grand in-8. Superbe.

149 — Adrien Van Venne, peintre. Grand in-8. Très-belle.

150 — François Vanden Wyngarde, chalcographe. In-4. Très-belle ép.

151 **Jouanin**. L'Impératrice des Français, grand in-fol. ovale, manière noire, toute marge. — Autre, par *Léon Noël*, ovale lith., grand in-fol. 2 p.

152 **Larmessin**. Louis XV, Marie de Pologne, reine de France. 2 portraits en pied, in-fol. d'ap. *Vanloo*.

153 — Cardinal Polus, in-fol. d'après *Raphaël*. Belle ép., rognée.

154 **Lesne** (Michel). Bassompière. Petit in-fol., belle ép.

155 Le Beau. Madame la comtesse Du Bary, médaillon entouré de roses et allégorie. Très-belle ép. d'après *Marilly*.

156 Lenfant. Spinola, d'après *Ponchel*. Guerrier entouré de seize écus d'armes, dont celui de Spinola en haut est répété au bas. In-fol., superbe ép., collée.

157 Leu (Th. de). Blaise de Vigenère, Bourbonnais. In-8, très-belle ép.

158 Lignon. Louis-Philippe d'Orléans (roi des Français), d'ap. *Gérard*. Petit in-fol., belle ép.

159 — Talma, d'ap. *Gérard*. Belle ép.

160 Longhi. Bonaparte à la bataille d'Arcole, in-fol. d'ap. *Le Gros*. Très-belle ép., toute marge.

161 Martinet. Lacordaire; in-4 sur chine.

162 Masquelier. Marianne Barilli, cantatrice; grand in-8, belle ép.

163 Masson. Brisacier, secrétaire de la reine (R. D. 15). Superbe ép.

164 — E. Th. de La Tour d'Auvergne, duc d'Albret, cardinal de Bouillon (R. D. 14). Très-belle ép., 1er état.

165 — Marin Cureau de La Chambre, d'ap. Mignard. 1er état (R. D. 24). Superbe ép.

166 — Nicolas de Lamoignon, comte de Courson, maître des requestes; in-fol., très-belle ép. (R. D. 39).

167 Meerllen. Marie-Moreau, dame de Sancy. Petit in-fol., toute marge.

168 **Mellan.** Pierre Séguier, chancelier. Petit in-fol., superbe ép.

169 **Miger.** Carle Vanloo; in-4 d'ap. L.-M. Vanloo. Belle ép., marge.

170 **Morghen** (Raph.). Son Portrait, par *Palmerini.* — Alfieri. — Macchiavel. — Jupiter. 4 p.

171 **Nanteuil.** ANNE D'AUTRICHE (R. D. 22), d'après *Mignard.* 2e des 5 états, superbe ép., petite marge.

172 — Pompone de BELLIÈVRE (37), d'après *le Brun.* Très-belle ép. du chef-d'œuvre du maître.

173 — Gilles BOILEAU, greffier de la Grand'Chambre, père du célèbre BOILEAU (43). Avant-dernier état, in-fol.

174 — Fréd. Maurice de La Tour d'Auvergne, duc de BOUILLON (R. D. 49). Très-belle ép., 3e des 5 états.

175 — Le même. On a coupé la tablette et rogné des trois côtés. Très-belle ép.

176 — God. M. de La Tour, duc de BOUILLON (50). In-fol. sans marge, très-belle ép. avant la planche réduite.

177 — Em. Th. de la Tour d'Auvergne, cardinal de BOUILLON (R. D. 51). 1er état, superbe ép.

178 — Jacques, marquis de CASTELNAU, maréchal de France. Petit in-fol. (R. D. 58). Superbe ép.

179 — Charles II de GONZAGUE, duc de Mantoue (62). Très-belle ép., grande marge.

180 — CHRISTINE de Suède (R. D. 67). Belle ép. in-4.

181 — Jean-Baptiste COLBERT (R. D. 72). Superbe ép., 1er état, grande marge, rare.

182 — Alexandre de Sève, prévôt des marchands (82). Très-belle ép.

183 — L. Doni d'Attichy, évêque d'Autun (83). Très-belle ép.

184 — Nicolas Foucquet, surintendant des finances (R. D. 98). Très-belle ép., avant-dernier état.

185 — Melchior de Gillier, maître d'hôtel du roi (R. D. 102). Très-belle ép.

186 — Ch. de Laporte, duc de La Melleraye, maréchal de France (R. D. 118). Très-belle ép., sans marge.

187 — Michel Le Tellier (128). Très-belle ép., rognée dans la bordure.

188 — Michel Le Tellier, chancelier (R. D. 131). Très-belle ép.

189 — Fr. de La Mothe-Le Vayer, conseiller d'État (R. D. 143). Magnifique ép., marge.

190 — Dom. de Ligny, évêque de Meaux (R. D. 144). Très-belle ép., marge.

191 — Jules-Paul de Lionne, prieur de Saint-Martin-des-Champs (R. D. 147). 1er état, superbe ép.

192 — H. d'Orléans, duc de Longueville (149). Belle ép. grand in-4.

193 — Loret, poëte (R. D. 150). Superbe ép. avant la virgule, après le nom, marge.

194 — Louis XIV (R. D. 153). 2e état, la bordure entièrement changée. Très-belle ép.

195 — Henri de Lorraine, marquis de Mouy (197). Très-belle ép., 1er état, avant la lettre, rare.

196 — F. de Nesmond, év. de Bayeux (202). Superbe ép. du 2e des 4 états, petite marge.

197 — Hardouin de Péréfixe de Beaumont, archevêque de Paris (211), goût de Mellan, 1er état *non décrit* avant l'inscription et des travaux dans les armoiries. Superbe.

198 — Hardouin de Péréfixe (R. D. 213). Ovale posé sur un champ étoilé.

199 — Pierre Poncet, maître des requêtes (R. D. 215). 2e état avant-dernier, très-belle ép., sans marge.

200 — J.-Fr.-Paul de Gondi, cardinal de Retz (217). Magnifique ép., 1er état.

201 — Richelieu, cardinal (218). Très-belle ép. un peu rognée tout autour sur la bordure de feuilles de lauriers.

202 — Georges Scudéry, académicien (R. D. 221). Superbe ép., 1er état, grand in-4, avec marge.

203 — Pierre Séguier, chancelier (R. D. 223). Très-belle ép., 1er état.

204 — François Servien, évêque de Bayeux (225). 1er état, superbe ép.

205 — L. Fr. de Suze, évêque de Viviers (R. D. 227). Très-belle ép., 1er état.

206 — Denis Talon, président à mortier au Parlement de Paris (R. D. 228). Très-belle ép. rognée un peu dans la bordure.

207 — Claude Thévenin (231). 2e des 4 états, superbe ép., rare.

208 — Henri de La Tour d'Auvergne, vicomte de Turenne (R. D. 232). Très-belle ép.

209 **Pannier**. Cardinal de Richelieu. In-4, très-belle ép. sur Chine avant toute lettre; les marges blanches tachetées d'humidité.

210 **Patas**. Avénement de Louis-Auguste XVI et de Marie-Antoinette au trône de France. Allégorie, petit in-fol., très-belle ép., marge.

211 **Petit**. H. Arnauld de Pompone, abbé de Saint-Médard, etc., d'ap. *Vanloo*. Grand in-fol.

212 **Petit**. J.-F. Phélippeaux de Maurepas en pied, d'ap. *Vanloo*. In-fol.

213 **Pinet**, de Liége, 1811. Son Portrait, par lui-même, entouré de fleurs. Petit in-fol., superbe ép., toute marge.

214 **Pitau**. R. P. dom Calmet, prior de Layo, d'après *Fontaine*, 1716. Très-belle ép., marge, grand in-4.

215 — Nicolas Colbert, évêque de Luçon, d'après *Lefèvre*. In-fol.

216 — Alex. Petau, conseiller général au Parlement. Belle ép., d'après *Lefèvre*, petit in-fol.

217 **Poilly**. Louis XIV, étant jeune, dirigé à droite. Petit in-fol. d'après *Mignard*. Très-belle ép., sans marge.

218 — Louis XIV, étant jeune, dirigé à droite; en haut, pour supports à la couronne deux ailes couvertes d'yeux, de bouches et d'oreilles. In-fol. In-fol., sans marge.

219 — Mazarin, in-fol. d'ap. *Mignard*. Très-belle ép.

220 **Preisler** (J.-M.). Le Cardinal de Bullion, en pied, qui a ouvert la porte sainte pour le Jubilé de 1700, à la place d'Innocent XII, malade. Très-belle ép. in-fol. avant toute lettre.

221 **Prieur**. La Reine à la conciergerie (Marie-Antoinette), en veuve. Très-belle ép. In-4 marge.

2

222 **Rodes**. François Ier, emp. d'Autriche. — Marie-Louise, impératrice. — Jérôme-Napoléon. — Louis-Napoléon. 5 p. très-grand in-fol. En pied.

223 — Louis-Napoléon en pied, en couleur. — Napoléon le Grand, par Bertrand, d'ap. *David*, buste grandeur naturelle. 2 p. très-grand in-fol.

224 **Ribault**. Regnier, ministre grand juge. — Membre du corps législatif. 2 portraits en pied, tirés du sacre. In-fol. avant la lettre toute marge.

225 **Roger**. Marie-Antoinette de Lorraine d'Autriche, reine de France. Très-grand in-fol d'ap. *Roslin* le Suédois, en pied, grand costume de cour. Très-belle ép. toute marge.

226 **Roussel**. Édouard Olier, seig. de Fontenelle et sa femme. 2 portraits grand in-8.

227 **Saint-Aubin** (Aug. de). Diderot, profil, médaillon d'ap. *Greuze*. In-4. Très-belle ép. grande marge.

228 — Fénelon. In-4 d'ap. *Vivien*.

229 — Benjamin Franklin avec ses lunettes. In-4 d'ap. *Cochin*. Belle ép. marge.

230 — Helvetius. In-4 d'ap. *Vanloo*. Superbe ép.

231 — M. Necker. In-fol. d'ap. *Duplessis*. Belle ép,

232 **Savart** 1774. Pierre Bayle. In-8. Belle.

233 — 1775. Nicolas de Catinat. In-8. Belle.

234 **Schimdt** (G. F.). Ant.-Fr. Prévost, aumônier du prince de Conty, auteur de Manon Lescaut. In-4. Superbe ép. toute marge.

235 **Schuppen** (Van). Bern. de Foix de La Valette duc Despernon. Petit in-fol. d'ap. *Mignard*. Superbe.

236 — 1662. Louis XIV. Petit in-fol. d'ap. *Mignard*. 2
Ép. sans marge.

237 — Mazarin avec quatre emblèmes. Très-belle 13
ép. in-fol d'ap. *Mignard*.

238 — Anne-Marie-Louise d'Orléans, d'ap. *Seve*. 64
Belle ép. d'un très-beau portrait. Petit in-fol.

239 — L. M. Armand de Simiane de Gordes. In-fol. 26
d'ap. *Le Fèvre*. Très-belle ép.

240 **Tardieu** (N.). Apothéose de Régnier, d'après 7
Humblot; des nymphes vont placer le buste de
Régnier sur un piédestal. In-4. Superbe ép.
marge.

241 **Turner**. Henri IV à cheval. Manière noire d'ap. 5 . 50
Renold Elstrake. Petit in-fol. Très-belle ép. marge.

242 **Valdor** (J.). François II duc de Lorraine, petit 32
portrait très-rare (*Nancej fecit*).

243 **Vestier**. Henri Masers de Latude, in-fol., à mi- 1
corps, montre la démolition de la Bastille.

244 **Wille** (J.-G.). Cardinal de Tencin. Grand in-4 3
d'après *Heilmann*.

245 **Portraits**. Mme Kamphuyzen, rôle de Rosa- 5 . 50
monde. — Bossuet. — Fénelon. — Pie VII. —
Le Fils de Tippoo-Saïb et autres. 8 p. in-fol. 33

246 — de Célébrités diverses. 147 p. Sera divisé. 4 . 50

247 — tirés des grands hommes de Perrault, 56 p. 3 . 50
par Edelinck, Lubin etc. Les armoiries ont été 31
coupées.

248 — de Célébrités diverses, françaises et étran- 18
gères, etc. 15 p.

249 — Marquise de Sévigné, par *Chereau*. — Com- 8
tesse de Grignan, par *Petit*. 2 p. in-12. Belles ép.

250 — Marie-Antoinette et Louis XVI. 10 p.

251 — divers tirés de Montfaucon. 10 p.

252 — Société des Arts et de l'Amitié. 10 p.

253 — Célébrités diverses, Papes, etc., Larmessin, Moncornet, etc. 33 p.

254 — Célébrités françaises et étrangères. 75 p.

255 — Célébrités diverses, Cayeux d'ap. Cochin etc. 53 p.

256 — Savary d'Édelinck, Ch. de Lorraine de Nanteuil, duchesse de Nemours de Drevet, Jacques III d'Hortemels. 4 p. in-4 et in-fol.

257 **Artistes dramatiques.** Mme Genot, Gobert, Prudent, avec dédicaces autographes signées, Taglioni en pied, Thenard. 5 lithog. in-fol.

258 **Portraits.** Les Rois de France de la suite d'Odieuvre, de Pharamond à Louis XV, et des doubles de la suite de Desrochers avec des états différents. 113 p. Vol. in-4, maroquin rouge, riche rel., fers dorés sur les plats, dentelle.

259 — d'Acteurs et actrices. 29 p.

260 — de Célébrités diverses. 26 p.

261 — Artistes peintres : Boucher d'ap. Cochin, Parrocel de Schmidt, etc. 42 p. gravées et lithog.

262 — Musiciens et chanteurs : Auber, Beethoven, Glück, Lablache, Mozart, Rossini, Weber, etc. 30 p.

263 — Musiciens : de Quenedey, Dalayrac, Dusseck, Haydn, Le Sueur, Mehul, Mozart, Spontini. 7 p. in-4.

264 — Louis XVIII, Louis-Philippe, Marie-Amélie, 6 p.

265 — Diverses célébrités gravées et lithog. 38 p. 1.50

266 Volumes de papier blanc pour coller des estampes, avec le titre album sur le dos, dem.-rel. maroq. rouge, petit in-fol, n'ayant pas servi. 3 volumes.

267 Deux Portefeuilles anglais, dos et coins maroq. rouge, à trois bavettes.

———

ESTAMPES MODERNES

268 **Ecole moderne**. Dédale et Icare. Offrande à Esculape, A la plus belle, L'une ou l'autre, etc. 8 p., grand in-fol.

269 — Baromètre d'Amour, Il gouverne le monde, l'Amour de la gloire et autres. 6 p. in-fol.

270 — Jupiter et Léda, Vénus et Cupidon, Diane. 3 p. in-fol.

271 — Le Chasseur au tribunal des Bêtes. — Condamné à être rôti. 2 p. en forme de frise, avant toute lettre, in-fol.

272 — Cavaliers en diverses attitudes, 10 p.

273 **Ancienne France**. Fleurons fins de pages lithog. par H. Vernet, 5, Géricault, C. Vernet, Bonington, Fragonard et autres. 38 p. Album, demi-rel., dos et coins maroq. rouge, dos orné.

274 **Arosa.** Ornements d'architecture du Musée Campana. Phototypie. 18 p.

275 **Aubry** (Ch.). Chasses anciennes, 13 p. lithog. Superbe exempl. en feuille.

276 — Histoire pittoresque de l'Équitation. 28 p. lithog. Superbe exempl. en feuilles.

277 **Bonington.** Entrée de la salle des Pas-Perdus au Palais de Justice de Rouen, ép. avec teinte jaune, toute marge.

278 **Caricatures** de Raffet, Philippon, etc. 23 p. noires et coloriées.

279 **Charlet.** Sujets d'enfants, costumes de l'ex-garde, sujets familiers et militaires, plusieurs à la plume et à l'eau forte. 280 pièces, plusieurs rares.

280 **Concours décennal.** La Justice divine d'ap. Prudhon, les Sabines et autres. 13 p. et texte.

281 **Corot** (d'ap.) La Toilette, lithog. par Vernier. Cadre doré.

282 **Costumes** coloriés et autres, et composi-tions sur bois réunies pour modèles de costu-mes. 83 p.

283 **Hoo.** The fair Forester : Jeune femme tenant son chien, in-fol., collée.

284 **Dupont** (Henriquel). Cromwell, d'ap. Paul Delaroche, charmante eau-forte, grand in-8. Superbe ép.

285 **Eaux-fortes modernes.** Corot Souvenirs d'Italie; Delaunay Sainte-Chapelle; Desbrosses la Mare aux grenouilles; Sége Marais de la Canche et autres. 7 eaux-fortes.

286 **Fleurs** et Fruits, couleur et noir, d'après   9
Mme Vincent, Prévost et autres. 27 p.

287 **Folo**. La Vierge, d'après Sasso-Ferrato, in-fol.   2
Superbe.

288 — Saint Sébastien, d'après Guerchin, in-fol.   1
Superbe.

289 **Garnier**. Jacob chez Laban, d'ap. Schopin,   3
manière noire, in-fol. Très-belle ép. Toute
marge.

290 **Gatine**. Costumes inédits, Légation persane à   7 . 50
Paris 1809, et autres d'Orient. 25 p. in-4, coloriées.

291 **Gavarni** et autres Caricatures. 36 p.   4 . 50

292 **Granville**. Vignettes sur bois, Fables de Flo-   8
rian, Vie privée des Animaux, et autres, tirées
de diverses collections. plus de 200 p.

293 — Caricatures. 12 p. noires et coloriées, la   14
Marchande de cerises, rare, et autres.

294 **Grévin**. Nouveaux travestissements parisiens.   4 . 50
Cahier de 20 p. coloriées.

295 **Jacques** (Charles). Lisière de forêt, eau-forte   2 . 50
en hauteur (147). Épreuve de remarque sur
chine, 3e état. Signée, sous verre.

296 **L'Autographe** au Salon 1864. Album demi-   3 . 50
rel.

297 **Lignon**. Sainte Cécile, d'après Dominiquin.   5
Superbe et ancienne ép. Toute marge.

298 **Linder** (Fac-simile d'après). Je découvre quel-   3 . 50
que chose, in-fol. en couleur.

299 **Lithographies**. Croquis : C'est L. Napoléon pendant son jugement, par Charlet — et autres — Aubry-le-Comte, etc. 5 p.

300 — Vues, Monuments, Églises tirés de l'ancienne France, etc. ép. rognées. Plus de 180 p. 2 lots.

301 — de Raffet, H. Vernet, Turpin de Crissé, etc. 15 p.

302 — De Fragonard et autres, Chapelle ardente du duc d'Orléans, Figures par Raffet, Prise de St-Jean d'Ulloa. 6 p. grand in-fol.

303 **Martinet** (chez). Le Bon Jardinier, les Mois de l'année. 13 p. in-8. Coloriées.

304 — Cris de Paris, in-8. Coloriés. 62 p.

305 — Costumes Français, 42. — Suisses, Italiens, Espagnols et autres, 88. En tout. 130 p. in-8. Coloriées.

306 **Michelin**. Paysages à l'eau-forte, plusieurs en 1ʳ état, avec remarques. 16 p.

307 **Modes**. Costumes Parisiens, 1810 à 1815. 29 p. Modes de Paris et autres. En tout 130 p. Coloriées.

308 — Moniteur de la Mode. 298 p. d'ap. Jules David, coloriées, pour 1851 à 1859, dans 3 portefeuilles dos de maroq. rouge.

309 **Morghen** (Raphaël). Loth et ses filles, d'après Guerchin, grand in-fol. Belle ép.

310 — Ego Dormio ; Sainte-Famille, d'après Rubens, grand in-fol. marge.

311 — La Vierge au sac, d'après Vanucchi. Très-grand in-fol. Superbe ép.

312 — La Jurisprudence, d'après Raphaël, très-
grand in-fol. Superbe ép.

313 **Nanteuil** (Célestin). Seuls ! Charmante lithog.
Sup. ép., toute marge.

314 **Parboni**. Mercure et Argus, d'ap. Salvator
avant la lettre, Paysages par Piringer, Repos de
bestiaux, d'ap. P. Potter, et autre sujet de
chasse. 5 p. grand in-fol.

315 **Photographies**. Vierges, d'ap. Raphaël,
Groupe de Rude pour l'Arc-de-Triomphe de
l'Étoile. 3 sous verres.

316 — Cascade de Saint-Cloud, Études d'après na-
ture. 15 p.

317 **Prudhon** (d'ap.). Le Zéphir, par Laugier avant
la lettre, sous verre.

318 — La Grotte, in-8, par Mme Bleuze.

319 — Les Arts, la Poésie, l'Industrie, la Naviga-
tion. 4 Figures allégoriques, par Prudhon fils.
Superbes.

320 — Par Aubry-le-Comte, les Petits Fileurs, les
Petits Dévideurs, l'Etude guide l'essor du génie,
l'Amour et l'Amitié. 4 p. Superbes.

321 — Par Boilly : Joseph, les Quatre parties du
Jour, les Quatre figures, la Musique, la Ri-
chesse, l'Amour, etc. 3 p.

322 **Raffet**. Souvenirs d'Italie, Expédition de Rome
1849 lithog. in-fol. 36 p. Superbe ex. complet
en feuille.

323 — Voyage dans la Russie méridionale et la
Crimée 1837. Choix de pièces superbes dont le
portrait de Nicolas Ier en pied. 8 p.

324 — Raffet en pied, 1848. Superbe ép.

325 — Le Colonel du 17e léger, 13 septembre 1841.
Superbe ép.

326 — Retraite et prise de Constantine. 20 p. Très-
belles.

327 — Le Réveil : La Caisse sonne étrange. — C'est
la grande revue qu'aux Champs-Élysées. 2 p.

328 — Sujets militaires et familiers. Superbes ép.
sur chine. 21 p.

329 **Rambert**, 1831. La Guerre. — La Petite Hiron-
delle. — L'Argent. — Le Calomniateur. 4 p.
philosophiques, lithog. in-fol. sur chine.

330 **L'Art** pour tous, année 1875. Complète.

331 **Études** de Paysages et Animaux, gravées. 42 p.

332 — De Têtes, par Reverdin et autres. 17 p.

333 **Sujets divers.** Scènes de Guillaume Tell,
Alonzo et Cora, Geneviève de Brabant et autres.
58 p. collées sur des feuilles au recto et verso.

334 — Contes des Fées et autres petits sujets collés
sur des feuilles au recto et verso. 428 p.

335 — Architecture, Bas-Reliefs de Vicar, Diaz, etc.
20 p.

336 — Pour cartonnage, Sujets familiers, etc.
137 p.

337 — Gravés et lithog. Charlet, etc. 33 p.

338 **Vignettes** et Sujets divers. 60 p.

339 **Sujets divers**, Paysages, et lithog. 54 p.

340 — Gravés et lithog. Historiques, etc. 7 p.

VIGNETTES

341 **Moreau**. Vignettes en contre-partie, d'ap. Gravelot, très-belles ép. avant la lettre, contenant 11 fig. nouvelles et quelques titres. 142 p. Cette suite terminée en 1802 devait avoir 6 vol. de plus que l'édition de 1787.

342 **Boilly** (C.), d'ap. Benj. Bolomey. Titres gravés et Vignettes lettre grise pour la Bibliothèque de campagne. 23 p. in-8, manque le titre, t. VII.

343 **Doré** (Gustave). Vignettes pour Rabelais. 102 p. Sur bois, remargées comme chine, très-grand in-8.

344 **Girardet**. Suite pour Racine, d'ap. Desenne, eaux-fortes, par Girardet, 13. — La suite avant la lettre remargée comme chine, très-grand in-8. 13 p. Le Portrait de Desenne, par Henriquel Dupont, en tout. 27 p.

345 **Johannot** (Alfred et Tony). Fleurons pour Walter Scott. 60 p. sur 30 feuilles, superbes ép. sur chine, grand papier. Album demi-rel.

346 **La Fontaine**. Suite de Vignettes pour les Fables gravées par Simon et Coiny, d'ap. les dessins de Vivier. 277 p. Exemplaire de souscription en feuilles avec ce qui a paru de texte gravé en 1787. Ce texte a été remplacé par l'édition Didot.

347 — Fables, 26 Croquis au crayon, remargés comme chine, grand in-8.

348 — Fables 44, et Portraits 6, en tout 50. Dessins originaux, crayons relevés de couleur, remargés comme chine, très-grand in-8.

349 **Moreau** (D'ap.). Suite de Vignettes pour Gessner. 54 p. Superbes ép. avant la lettre, grand papier.

350 — Suite complète pour Voltaire, édition de Furne, 47 vignettes, par Blanchard, Coiny, Lefevre, etc., lettre grise.

351 **Picart** (B.). Fleurons pour Boileau. 5 p. remargés comme chine, très-grand in-8.

352 **Rousseau** (J.-J.) Son Tombeau, dessin original. par Houel, grand in-8, remargé à clairvoie. — Habitations : Ermenonville, Ile Saint-Pierre. 4 p. en couleur, par Himely, marge in-4. 5 p.

353 **Smirke** (Robert). Engraving illustrative of Don Quixote from pictures. of 74 Vignettes sur chine, tirage in-fol. magnifiques ép. vol. demi-rel. et coins cuir de Russie, filets.

354 **Thiers**. Histoire de la Révolution française. 49. Vignettes et Portraits, lettre grise sur chine, édition Furne. Tirage grand in-4. Une vingtaine les marges blanches sont tachées d'humidité.

355 **Voltaire**. Suite complète, d'ap. Chasselat et Devéria, 81 vignettes avant la lettre et 19 avec la lettre, en tout 100 p.

356 **Vignettes** d'après Eisen, Moreau et autres. 18 p.

357 — de Moreau et autres. B. Picart, etc., plusieurs avant la lettre. 15 p.

358. — Sur bois, d'ap. Penguilly. et autres 54 p., la plupart sur chine.

359 — Anglaises. The Devil's Walk. 10 p. in-4.

—

ÉCOLE DU XVIII° SIÈCLE

360 **Bartolozzi** et Zochi, fac-similé de desssin, 30 p. in-fol. Toute marge.

361 **Baudoin** (d'ap.). La Toilette par *Ponce*, 1771. In-fol. Jolie pièce. Belle ép.

362 — Le Chemin de la Fortune, par *Voyez major*. Présentation d'une Danseuse au directeur de l'Opéra. Superbe ép. marge.

363 — L'Enlèvement nocturne. — Le Tableau magique d'ap. Touzé 2 p. in-fol.

364 — Le Fruit de l'Amour secret, par *Voyez junior*. In-fol.

365 — La Conversation d'ap. *Vanloo*, in-fol. Très-rare ép. avant toute lettre, la marge du bas remplie d'essais de burin.

366 **Boilly** (d'ap.), La douce impression de l'harmonie, petit rond, par de *Gouy*. — Réduction ovale, contre-partie, plus petit 2 p. rares.

367 — La Leçon d'Union conjugale, in-fol. par *Petit*. Belle ép. marge.

368 **Boucher** (d'après). De trois choses en ferez-vous une, grand in-4, par *Pasquier*. Très-belle, ép.

369 — La Poésie Épique, Lirique et Pastorale, 3 p. grand in-4.

370 — La Chasse, Panneau arabesque avec deux enfants, par *Le Prince*, in-fol.

371 — Les Saisons : Groupes d'Amours, par *Larue*. 4 p. Magnifiques ép. toute marge, cahier avec le fil de la publication.

372 **Chardin** (d'ap.). Le Benedicité par Renée Élisabeth Marlié Lépicié. Très-belle ép. marge, petit in-fol.

373 **Chodowiecki** ? Mariage de Figaro, 12 petites vignettes et le portrait de Beaumarchais de *Tardieu*. 13 p.

374 **Choffard**. Petits Trophées, d'ap. *Rossi*. 6 p. Superbes.

375 **Couché**, 1778. L'amour quêteur. — L'Amour volage. 2 p. in-4. Superbes ép. grandes marge.

376 **Coypel** (d'ap. C.) Berger en costume élégant, jouant de la vielle, petit in-fol. par Botet, marge.

377 — Jeu d'enfants. Grand in-fol. par *Lepicie*, très belle ép. toute marge.

378 — Bacchus et Ariadne grand in-fol. Avant toute lettre.

379 **Crespy** (chez). Nouveau jeu de l'hymen grand in-fol. Imitation du jeu de l'oie. Très-rare.

380 **De La Rue** (L. Félix). Bacchanales 6 p. à l'eau-forte. Superbes et 1re ép. marge. — Adoration des bergers par *Parizeau* d'ap. L. F. La Rue. 3 p.

381 **Delaunay**. Les Vierges sages et folles, in-fol. d'ap. *Schalchen*. Très-belle ép.

382 **Dickinson**. Marguerite de Navarre surprise par François Iᵉʳ avec Clément Marot, manière noire. Très-grand in-fol.

383 **Dubucourt**. Encyclopédie du dessin. 24 p. avec texte petit in-fol.

384 **Eaux-fortes**. Paysages par St-Non, Burdallet, Dunouy avant le ciel. Gabriel Moreau, 4 p. avant la lettre. Superbes.

385 **École du XVIII**. Pastorales 2 p. ovales eaux-fortes pures.

386 — Jeune femme effeuillant une rose, coloriée. — Sa taille est ravissante, 2 p. coupées à l'ovale.

387 — Chinois de Boucher, Singeries de Huet et d'ap. Baudouin; etc. 12 p.

388 — D'ap. Greuze, Huet, Le Nain, Fragonard, etc. 9 p.

389 — Sujets en rond pour Don Quichotte 19 — pour Molière et autres scènes de théâtre 14, en tout 33 p.

390 **Eisen** le père (d'ap.). Les Dragons de Vénus, in-fol. par *Halbou*.

391 — Amusement de la jeunesse : Deux Enfants faisant danser un chien habillé en arlequin. Superbe ép. marge.

392 **Fortier**. Le Café politique. in-fol. rare.

393 **Fragonard** (d'ap.). La Gimbelette, petit rond sanguine pour tabatière, rare.

394 — L'Armoire, in-4., en bistre. Sans marge.

395 — Annette à l'âge de quinze ans. — A l'âge de
vingt ans. 2 p. in-4.

396 — Le Verrou, in-fol. Très-belle ép. sans marge.

397 — Les Hazards heureux de l'Escarpolette,
grand in-fol. 1re et superbe ép. carrée, par *N.
De Launay*.

398 **Gravelot** (d'ap.). Fondation pour marier dix
filles, in-fol. par *Moreau* et *Huquier*. Très-belle
ép.

399 **Greuze** (d'ap.). La Paix du ménage, jolie
pièce d'intérieur, in-fol. par *Moreau* et *Ingouf*.
Très-belle ép.

400 — La bonne éducation, par *Moreau* et *Ingouf*.
Superbe ép. toute marge, in-fol.

401 — La Dame bienfaisante, par *Massard*. — La
Malédiction paternelle, par *Gaillard*. 2 p. grand
in-fol. Signées au verso par les artistes.

402 — La Cruche cassée, sans marge. Sous verre.

403 **Haid.** Le Divertissement de la jeunesse. —
L'Aimable jeunesse. 2 manières noires in-fol.

404 **Jazet.** La Romance, les Artistes, Dis-donc
merci Maman, Ah! Maman! voilà Papa, la Galan-
terie villageoise, la Vie champêtre. 6 p. in-4,
rares.

405 — Le Vol découvert, la Punition du vol, Départ
pour la chasse, Retour de la chasse. Ces 4 p.
semblent d'ap. les dessins de Debucourt. In-4
rares.

406 **Kraus** (D'ap.). Le Raccommodeur de faïence.
In-fol. par *L. Al. de Buigne*. Belle épreuve,
marge.

407 **Lancret** (D'ap.). Les Charmes de la conversation, charmante composition par *Petit*. Très-belle ép. Petit in-fol.

408 — A Femme avare galant escroc, par *Schmidt* sous le nom de Larmessin. Très-belle ép. 1re adresse (Conte de La Fontaine, in-fol.).

409 — Le Jeu de cache-mitoulas. — Les Troqueurs. — Le Faucon. 3 p. par de Larmessin. Ces deux derniers sont des Contes de La Fontaine.

410 **Levachez.** Les Amusements champêtres, le Rendez-vous à la forêt, la Chasse aux canards sauvages, Collation des chasseurs. 4 p. in-4.

411 **Le Vasseur.** Le Passe-Temps des soldats, d'ap. *Bourdon*. In-fol. Très-belle ép.

412 **Masquelier.** Seconde vue d'Ostende. Grand in-fol., d'ap. *Le May*. Toute marge.

413 **Moreau** le jeune (D'ap.). Couronnement de Voltaire sur le Théâtre-Français. Magnifique ép. avant la lettre, au bas à la pointe : *J. M. Moreau del.* — *Avec privilége du roi.* — *C. S. Gaucher inc.* Marge.

414 **Moreau** etc. (D'ap.). Vignettes pour l'Histoire de la Révolution française. 11 p. in-8.

415 **Ornements.** Babel, Lajoue, Marot, Mondon, Ranson et autres. 40 p.

416 — de Guyot, Vases de Duplessis, Saly, Bouchardon, etc. 31 p.

417 — Raccolta d'ornati d'archittettura, par Bianchi. 36 p. Cahier.

418 **Pater** (D'ap.). La Belle Bouquetière, par *Filloeul*. Très-belle ép.

419 **Pièces historiques.** Lit de justice, 6 août 1787. — 19 Novembre. — Arrestation de M. Delaunay et autres. 6 p.

420 — Époque de Napoléon, Portraits, Dessins, Aigles, etc. 17 p.

421 **Riollet.** (Mˡˡᵉ). Le Mauvais Riche, d'ap. *Teniers.* Grand in-fol. Très-belle ép.

422 **Saint-Aubin.** 1788. Billet de la Comédie italienne, charmante composition avec quatre figures. Superbe ép. rare.

423 **Savart.** Diane et Endymion. In-8, d'ap. Montègne, remargé comme chine. Grand in-8.

424 **Schiavonetti.** Louis XVI à la Convention. — La Dernière entrevue de Louis XVI et de sa famille. — Louis XVI au pied de l'échafaud. 3 p. in-fol. Très-belle ép., marge.

425 **Vanloo** (d'ap.). Le Coucher, par *Porporati.* In-fol. Très-belle ép.

426 — La Musique. In-fol. par *Fessard.*

427 **Vangelisty.** La petite Fille à la flûte. Petit ovale d'ap. *Peters.*

428 **Vernet** (D'ap. J.). Incendie d'un port, Incendie nocturne, Suite d'un naufrage, l'Aurore d'un beau matin. 4 p. in-fol.

429 — Cheval de course au moment du départ. Manière noire in-fol., par *Jazet.* Superbe ép., toute marge.

430 **Watteau** (D'ap.). La Danse. In-fol. par le comte de *Caylus.* Toute marge.

431 — La Signature du contrat de la noce de village. Très-grand in-fol. par *Cardon.*

432 **Wille** fils (D'ap.). Le Bouton de rose. In-fol.
par *Voyez*. Superbe ép. avant toute lettre, toute
marge.

433 — La Curieuse, par *Voyez*. Superbe ép. in-fol.
toute marge.

434 **Vues**. Place Louis XV. Grand in-fol., chez
Daumont, le Colisée à Paris, le Pont de Neuilly,
Lyon, château de Pierre-Scise, par Bidauld,
Meudon et autres. 9 p. grand in-fol.

435 — Kremlin, Pétersbourg, Novogorood. 4 p. in-
fol., chez Lecœur.

436 — d'Angleterre, d'Italie, etc. In-fol. et grand
in-fol. 29 p., dont un dessin et la gravure.

437 — du Mont Saint-Michel. Atlas de 18 p. Cahier.

438 — Cathédrale d'Anvers et vue d'Italie coloriées,
Naples et autres, 3 Aquarelles, autre dessin
à la sépia, le Pont des soupirs à Venise, photog.
7 p. in-fol.

439 — Pavillons chinois, champêtres, Ponts, Ruines
et autres décorations des châteaux de Bagatelle,
Betz, Jardin des Plantes de Paris, treillages,
grilles, rampes, etc. 78 et un dessin à l'encre
de Chine de deux grilles de jardin. 79 p.

440 — de Paris, noires et coloriées. 39 p.

441 — de Lille, Roubaix, Seclin, etc. 109 p. par
Durig, etc.

442 Billets d'enterrements, de 1705 à 1747. 7 p.

PIÈCES EN COULEUR

443 **Bartolozzi**. Admiration, Liberality, A Muse, 3 p. sanguine. A S. Giles's Beauty en couleur. 4 p. superbes.

444 **Boilly** (D'ap.). Le Cadeau. In-fol. en couleur par *Bonnefoy*.

445 **Bonnet**. Le Concert des trois Grâces. In-4 en couleur. Très-belle ép. Marge.

446 — Portrait, grandeur naturelle, de Mme de Pompadour. Fac-simile de pastel, 1789. Très-belle ép. rare.

447 **Boucher** (D'ap.). Les Colombes chéries. Belle sanguine par *Petit*. Rare.

448 — Vénus surprise par l'Amour. Fac-simile aux trois crayons par *Bonnet*. Rare.

449 — Vénus aux colombes. — Jupiter et Danaé, 2 fac-simile aux crayons de couleur. In-fol.

450 — Le Printemps, par *François*. Fac-simile de dessin pour panneau décoratif, en bistre. Rare.

451 — Le Char de Vénus et quatre Amours, frise. — Groupe de deux Amours, in-fol. 2 p. sanguine.

452 — Groupe de cinq Amours et un dauphin (109). Belle sanguine par *Demarteau*. In-fol.

453 — Groupe de trois Amours et un enfant admirant un cœur percé d'une flèche (110). Superbe sanguine in-fol. par *Demarteau*. Marge.

454 — Groupe de deux Amours et un enfant tenant un tableau pour personnifier la peinture. — Groupe de deux Amours représentant la *Poésie* et la *Musique*. 2 superbes sanguines in-fol. par *Demarteau*, dédiées à M. de Fontanieu. Toute marge. 21

455 — Diane nue couchée, vue de dos; deux chiens gardent sa chasse (240). Superbe sanguine par *Demarteau*. Toute marge. In-fol. 19

456 — Jeune Femme nue couchée, vue de dos. Très-belle sanguine in-fol. par *Demarteau*. Marge. 18

457 — L'Autel de l'Amitié (75). Très-belle sanguine in-fol. par *Demarteau*. 13

458 — La Maraudeuse de fleurs. Belle sanguine in-fol. par *Demarteau* (84), 1ᵉʳ état. Le nᵒ a été changé en (80) avant la planche coupée de 3 centim. en haut et en bas, et de 2 de chaque côté; l'adresse sous le titre et pas de privilège. 12

459 — Têtes, Sujets et Paysage. Sanguine. 8 p. 15

460 **Brimclaire** (Mⁱˡᵉ). Vases et Frises, Ornements, Bas-Reliefs. 6 sanguines in-fol. 5

461 **Cardon.** Marchande d'allumettes. In-fol. en couleur. 7

462 **Carême** (D'ap.). Bacchanale, par *Demarteau*. Petit in-fol. en couleur. Très-belle ép. sans marge. 9

463 **Caricatures anglaises** de Gillray et autres, contre Fox, le Jacobinisme français, l'Irlande, etc. 40 p. curieuses, la plupart coloriées. 20

464 **Demarteau.** Femme nue assise sur un lit et tenant des fleurs. Superbe sanguine in-4, d'ap. Boucher.

465 — Vénus couchée et l'Amour dormant. Petit in-fol. Sanguine d'après *Boucher*. Superbe ép. Marge.

466 — Ornements dans le goût du crayon. 5 p. sanguine d'ap. *Girard*.

467 — Tête de jeune fille d'ap. *Vanloo* (283). Superbe sanguine in-fol. Toute marge.

468 — Femmes russes, d'ap. *Le Prince*. 2 p. sanguine très-belles.

469 — Animaux, d'ap. *Dagommer*. 4 sanguines.

470 — Têtes d'étude d'ap. Pierre, Raphaël, etc. 10 p. sanguine.

471 — Académies, d'ap. *Vanloo* et autres. 10 p. sanguine.

472 — Satyre, d'ap. Vanloo et Tête de femme aux trois crayons, Satyre d'ap. Carrache. sanguine. 3 p. in-fol.

473 — Fleurs, Vase, Bas-Relief et Principes de dessins. 44 p. sanguine.

474 — Académies, etc. 8 p. Sanguine.

475 **Descourtis.** Noce de village, d'ap. Taunay, en couleur. Très-belle ép. sans marge.

476 — Foire de village, d'ap. Taunay. Superbe ép. en couleur, avec marge.

477 **Huet** (D'ap.). La petite Fermière. — Le petit Fermier. 2 p. en couleur, in-4, par *Bonnet*.

478 — Offrande à l'Espérance. — Offrande à l'Amitié. 2 jolies compositions en couleur, par *Jubier*.

479 — Érigone ; l'Amour l'enflamme. — Vénus : l'Amour la prie de lui donner la pomme. 2 belles pièces en couleur. *Bonnet direx.* — 28

480 — L'Amour offrant des présents à Arianne. Très-belle ép. in-fol. en couleur. *Bonnet direx.* Marge. — 16

481 — Leucothoé charmée de la beauté d'Apollon. — Thétis écoute Protée. 2 p. en couleur, in-4, par *Bonnet.* — 30

482 — L'Arrivée à la ferme? Petit in-fol. en couleur, par *Jubier.* Belle ép. — 19

483 — L'Arrivée de la fermière. Petit in-fol. en couleur, par *Jubier.* — 14

484 **Lavreince** (D'ap.). Ah! le joli petit chien! Jolie pièce en couleur, sans marge. — 33

485 **Pièces en couleur.** Sujets d'enfants et autres pour boutons, 4, et 2 petits Ovales en travers (pastorales). 6 jolies petites pièces. — 30

486 — Sujets de petits Amours, 4, pour boutons. — Danaé et Vénus, 2 petits ovales en travers. 6 petites pièces charmantes. — 30

487 — Pastorales, 4, pour boutons, et 2 petits Ovales. 6 jolies pièces. — 30

488 — Pastorales et Amours, 4, pour boutons, un petit Ovale et 2 très-petits Carrés. 7 petites pièces. — 22

489 — Léda, Danaé, la Vérité et autres, 9, pour boutons, et un petit Carré. 10 charmantes petites pièces. — 19

490 — Paysages, Ruines, etc., 6, pour boutons, et un petit carré. 7 petites pièces. — 16

491. — Triomphe de Vénus et Groupe d'Amours.
2 jolis petits ovales pour tabatières.

492. — Vierge et Jésus, en bistre. — Tête de femme,
sanguine. — Maison de M. Le Doux. — Les
Bestiaux en marche, de Huet, colorié. 4 p.

493. — Louisa, la Marchande de pommes, le Rémou-
leur et autres. 6 p.

494. — d'ap. Huet. — Et autres. — Sanguine d'ap.
Le Prince. 6 p.

495. — Pièces diverses à la sanguine. 10 pièces.

496. **Vues de Suisse**, au bistre, par Bullinger et
autres. 12 p.

DESSINS

497. BARYE. Roches et Arbres, fusain fixé. Cadre de
bois.

498. GÉRICAULT. Cheval de trait harnaché. Beau
dessin à la sépia, sous verre.

499. GIRARDET (Karl). Vues très-étendues, en forme
de frises, peintures à l'huile, sur toile. 2 p.

500. GRANDVILLE. Le Petit Poucet. — Les Parents
auprès du feu. — L'Ogre prêt à tuer le petit
Poucet. 2 dessins à la plume.

501. — Le Petit Chaperon rouge. 3 dessins à la
plume.

502 — Le Bourgeois gentilhomme de Molière : le Maître à danser. — Le Maître de philosophie et Scène de M. Jourdain et Nicole. 3 dessins à la plume.

503 — La Folie vendant la Sagesse. Beau dessin à la plume.

504 — Bonjour, cher! Beau dessin très-terminé, à la plume, trois figures, signées.

505 — Titre pour la *Chronique de Paris*. Très-beau dessin à la plume, quatre figures.

506 — Fac-simile d'une petite sépia de Charlet, trois figures.

507 — Vue du Pont-Neuf : effet de neige (prise de la rue Guénégaud). A l'encre de Chine, terminée.

508 — Bal de famille. Dessin à la plume, dix figures.

509 — Toussaint le mulâtre, et la jeune fille dans son lit, pour le roman d'Antony Thouret. A la plume.

510 — Psyché et l'Amour, charge digne du maître. Dessin à la plume.

511 — Aventure de Jean-Paul Chopart : le chien sautant après l'ours. A la plume.

512 — Le Mariage, tiré des *Animaux peints par eux-mêmes*, à la plume. Très-joli dessin.

513 — Singeries, nouvelle entreprise de l'enlèvement des boues et autre. 2 dessins à la plume.

514 — Une jolie Pensionnaire. — Croquis tête de femme en cheveux et homme. — Tête de femme et deux Têtes d'enfants. 3 dessins à la plume.

515. — Études de cols et cravates, six têtes. Beau dessin à la plume

516. — Cols et Cravates, quatre études. — Trois têtes, 2 dessins à la plume.

517 — Cols et Cravates, quatre têtes. — Profil très-fait. — Quatre Têtes, 3 dessins à la plume.

518 — Cols et Cravates. 3 dessins à la plume.

519 — Études de têtes coiffées de chapeaux, deux têtes. — Trois têtes. — Quatre têtes. 3 dessins à la plume.

520. — Études pour les chapeaux : types très-caractérisés. 4 dessins à la plume.

521 — Études de chapeaux : têtes, types curieux. 4 dessins à la plume.

522 — Figures en pied, Costumes. 4 dessins, 2 à la plume, 2 au crayon.

523 — Croquis, Études, Têtes et Figures en pied. 6 dessins plume et crayon.

524 — A la Poire d'or. 2 dessins à la plume représentant divers ustensiles.

525 — Perroquets et Perruche politique, etc. 3 dessins à la plume.

526 — Le Choléra-mouche : Grandville à sa fenêtre regardant voltiger de grosses mouches. Dessin capital à la plume, et la lithographie. 2 p.

527 — Une Tache d'encre et autres Têtes et Croquis à la plume. 33 petits Dessins par un, deux, trois et quatre sur la feuille. Pourra être divisé.

528 JACQUES (Charles). Sept Moutons dans l'étable. Crayon noir rehaussé de blanc sur papier gris bleu, sous verre.

529 — Sept Études de têtes de mouton. Crayon noir rehaussé de blanc sur papier gris, sous verre.

530 MOZIN (C.). Marée basse : bords de la mer, avec figures. Belle aquarelle signée.

531 SCHNEIDER. Intérieur de forêt. Fusain sous verre.

532 DESSINS. Vénus sur la mer. A l'encre de Chine.

533 — Intérieur d'église en Orient. Aquarelle in-fol.

534 — Costumes, Architecture, Sujets religieux, Paysages, Ornements sanguine, Aquarelles, etc. 18 p.

5 Arrérages		80		7,516
771 Francs Étranger à 10		77 10		
776				
12 Mains chemises		18		
Honoraires 10 %		75 1 60		
			847 50	
75 affiches et Afficheur		40 45		
Insertion au Moniteur des Ventes		16 60		
Déclaration de Vente		2 20		
Timbre du procès Verbal		7 20		
Enregistrement		191 75		
Versement en Bourse commune		237		
Honoraires M. Delestre		237		
Location de la Salle		80 60		
Clerc et Crieur		24		
800 Catalogues		307		
2 Journées de Commissionnaire		10 10		
Transport à l'hôtel		5		
Pour Suppl. de Travail au Clerc, crieur		20		
et Commissionnaire		2026 40		
Déduire 5 % des acquéreurs		375 80	1650 60	
			5,865 40